Arènes du Bois de Boulogne
(GRAN PLAZA DE TOROS)

Cinq Mois AU SOUDAN

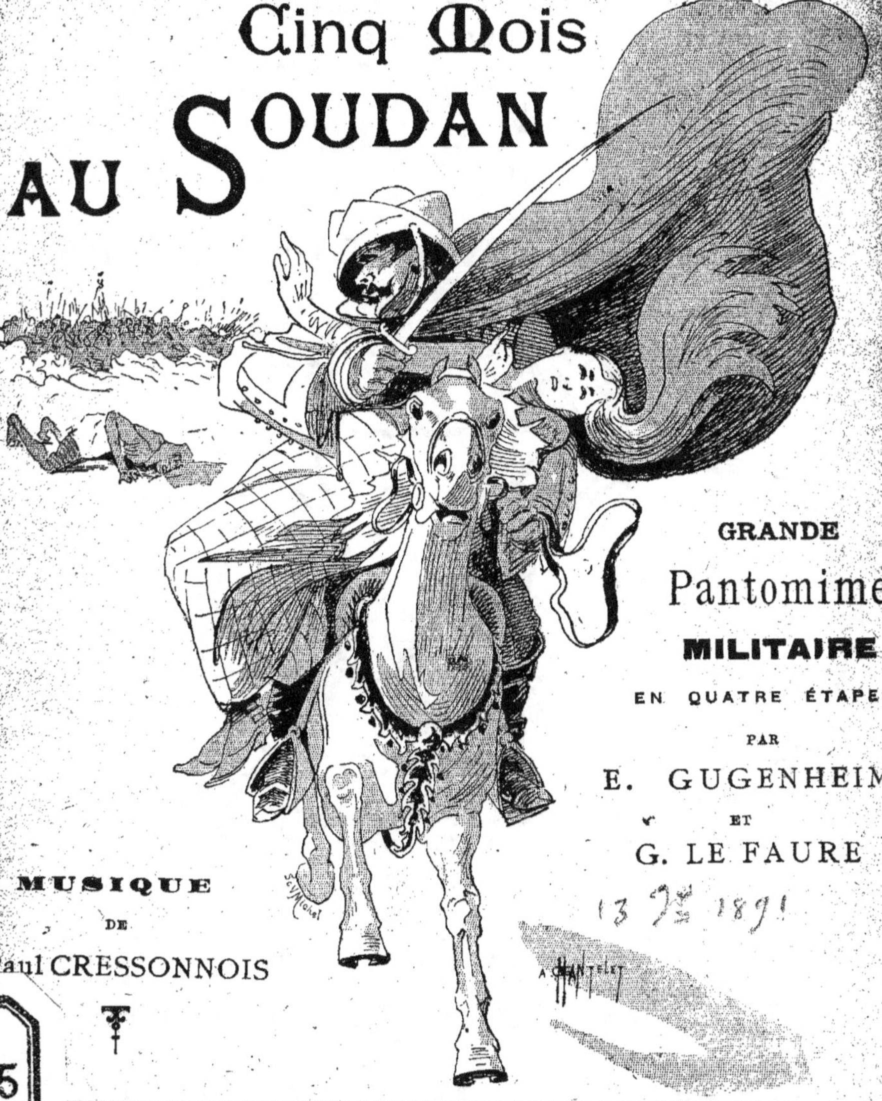

GRANDE
Pantomime
MILITAIRE
EN QUATRE ÉTAPES
PAR
E. GUGENHEIM
ET
G. LE FAURE

13 9bre 1891

MUSIQUE
DE
Paul CRESSONNOIS

Cinq Mois au Soudan

MISSION MILITAIRE EN QUATRE ÉTAPES

1re ÉTAPE	3e ÉTAPE

1re ÉTAPE
Le marché de Bafoulabé

3e ÉTAPE
La cour de Samory

2e ÉTAPE
Le campement de Kita

4e ÉTAPE
La ville Sainte

DISTRIBUTION

Bourniquet	MM. Price père.
Cora, fille aînée du pasteur. . .	Price fils.
Le Marabout Mahamadou . . .	Pastorini.
Capitaine Gastinard.	Bréval.
Castagoul.	Blanchon.
Bouboum.	Bertot.
Le pasteur Sémikaméjaphet . .	Fontain's.
Le roi Samory	Miral.

Filles du pasteur, écuyers, écuyères, danseurs, danseuses, femmes du roi, peuple, féticheurs, talibés, cavaliers, toucouleurs, troupes françaises et indigènes.

Ballet des cadeaux (1re étape); *Ballet du harem, danse des féticheurs* (3e étape); *Danse de mort* (4e étape).

1re danseuse : Mlle J. Laurent.

PREMIÈRE ÉTAPE

LE MARCHÉ DE BAFOULABÉ

De différents côtés arrivent des marchands indigènes, qui s'installent, pendant que les habitants, hommes et femmes, viennent pour faire leurs emplettes.
Discussions entre marchands et acheteurs.

Bouboum, saltimbanque indigène, entre, traînant un baudet qui porte ses accessoires, tapis, tam-tam, tambour, etc.

Il s'installe sur la place, décharge son baudet au milieu des curieux, étend son tapis, prend son tam-tam et son tambour et se livre à un vacarme épouvantable pour attirer la foule.

Puis il commence son boniment, expliquant aux spectateurs que, pour les divertir pendant une heure, il a fait, pendant huit jours, route à travers le désert, mourant de faim, séchant de soif, rôti par le soleil, gelé par le froid de la nuit; mais il savait qu'arrivé au terme de son voyage, il serait dédommagé de toutes ses peines, car les habitants de Bafoulabé ont la réputation de savoir apprécier la force et l'adresse.

Il exécute ses tours d'adresse, aux applaudissements de la foule; puis il commence sa quête.

Mais il est accueilli par des murmures et des ricanements, et la foule se disperse, laissant le malheureux, seul, accablé.

Alors, il se lamente : Rien!... Pas un cauris!... Et il a faim, il a soif!... Ah! Allah n'est pas juste!... Il est donc condamné à mourir, puisque le Saint-Prophète ne le protège pas!

Il prend son baudet par la tête et l'embrasse en pleurant.

Et lui aussi, le vieux compagnon de toutes ses fatigues, il a le ventre vide!... et cependant il a vu ce que lui, Bouboum, vient de faire pour essayer de gagner son propre repas et le sien... Si, au moins, il avait une poignée de riz, ils la partageraient en frères... mais, rien... rien...

Il montre ses poches vides.

Mais il ne sera pas dit qu'il aura laissé crever son baudet faute d'un peu d'aliments!... Et puisqu'on ne veut rien lui donner, il volera!...

Bouboum se dirige vers l'étalage d'un marchand et cherche à s'emparer d'un régime de bananes ; mais au moment où il va quitter l'étalage, le marchand s'aperçoit du larcin et se jette sur le pauvre nègre.

Lutte, cris, tumulte, bagarre.

Les autres marchands se jettent sur Bouboum, le maltraitent et le traînent devant le chef du village, qui, après de courtes explications, le condamne à recevoir la bastonnade.

On l'attache, et le supplice commence au milieu des cris du patient et des applaudissements des assistants.

Le maréchal des logis de spahis, Castagoul, arrive à cheval, entouré d'une douzaine d'indigènes qui lui indiquent la demeure du chef.

Dans le village, il est l'objet de la curiosité des habitants.

En passant sur la place du marché, il aperçoit la foule qui insulte Bouboum, pendant qu'on lui donne la bastonnade.

Il s'approche, écarte brutalement les deux noirs qui le frappent et le délivre.

Cris et protestations de la foule qui veut faire un mauvais parti au spahi.

Celui-ci tire son sabre, et, grâce à d'adroits moulinets, fait reculer les indigènes qui forment un cercle hostile autour de lui et Bouboum.

Attiré par le tapage, le Chef du Village accourt et, après quelques explications avec Castagoul, il fait grâce à Bouboum, Castagoul payant au marchand les fruits volés qu'il donne au malheureux.

Celui-ci tout joyeux s'enfuit et va partager sa pitance avec son baudet.

Castagoul explique au Chef du Village qu'il précède un officier français qui vient racoler des porteurs et acheter des montures.

Le Chef donne à ses femmes l'ordre de se préparer à recevoir dignement l'officier français.

Les femmes vont dans le marché, faire les emplettes nécessaires.

Le capitaine Gastinard arrive, escorté de huit spahis et du photographe Bourniquet.

Le Capitaine et ses hommes mettent pied à terre, et pendant que les spahis vont se promener dans le marché, il entre en conférence avec le chef du village.

A la suite de cette conférence, le Chef du Village fait assembler les indigènes, parmi lesquels Castagoul choisit les porteurs.

Désespoir des femmes, que le CAPITAINE console au moyen de verroteries et d'étoffes.

Les FEMMES, enchantées, expriment leur contentement par une petite danse, qui forme contraste avec l'attitude accablée des hommes.

Le PHOTOGRAPHE, frappé par l'originalité de cette scène, se dispose à en prendre une vue. Il prépare son appareil, mais, à la vue de l'objectif braqué sur elle, la foule, épouvantée, s'enfuit en poussant des cris.

Quelques hommes plus courageux, s'armant de leurs sagaies, se précipitent sur le photographe BOURNIQUET ébahi.

CASTAGOUL explique à BOURNIQUET que les nègres ont pris son appareil pour une arme offensive et lui dit de plier bagage ; la FOULE se rassure alors.

BOUBOUM, qui n'a pas oublié son bienfaiteur, est accouru avec son âne et tous deux remercient, chacun à sa manière, le brave sous-officier qui les a sauvés. BOUBOUM propose à CASTAGOUL de ne plus le quitter ; il lui servira de brosseur et le baudet portera son bagage.

On entend dans la coulisse les sons d'un ophicléïde... C'est le pasteur SÉMIKAMÉJAPHET qui arrive suivi de ses sept filles.

Le PASTEUR s'avance gravement sur la place du village, et lorsque la population fait cercle autour d'eux, il commande militairement : « Halte », puis « Front ». Et, ses sept filles entonnent un cantique accompagné par l'ophicléïde :

> Enfants de le libre Angleterre,
> Nous allons par toute le terre
> Proclamant au nom du Seigneur
> Que le Bible c'est le bonheur.
> Hurrah ! hurrah ! for God and Victoria queen !

Le PASTEUR explique au capitaine GASTINARD qu'il vient évangéliser les peuplades noires et lui demande la permission de suivre la colonne, de façon à être protégé, ses sept filles et lui, pendant leur promenade à travers le Soudan.

Acceptation du CAPITAINE qui donne l'ordre de sonner le boute-selle et quitte le marché, accompagné de la population du village.

Pendant que la colonne est en marche, un homme vêtu d'habits sordides, à la longue barbe blanche, qui semble être un mendiant, laisse échapper des imprécations contre les Français.

Mais la foule l'écoute sans bouger.

Voyant qu'on ne fait rien pour empêcher le départ de la colonne qui sort à ce moment du village, il se redresse, arrache sa fausse barbe, jette ses haillons et apparaît vêtu d'un riche costume oriental.

C'est le marabout MAHAMADOU-LAMIME qui reproche aux habitants d'offenser le Prophète en donnant l'hospitalité aux infidèles. Il arrive de la Mecque, la cité sainte, il a couché à côté du tombeau du Prophète et c'est le Prophète qui lui a donné l'ordre de venir combattre ces chiens pour que leurs cadavres engraissent les champs du Soudan.

C'est Allah qui leur parle par sa bouche et leur ordonne de s'armer pour défendre la sainte cause...

On entend des trompettes, et les talibés du marabout entrent en scène, entourant le drapeau du Prophète qu'un soldat porte, tenant en main un cheval richement caparaçonné sur lequel MAHAMADOU s'élance.

Il brandit l'étendard, et la foule, frappée de respect, se prosterne, le front dans la poussière.

Nouvel appel de trompettes et MAHAMADOU se met en marche, entraînant à sa suite tous les hommes du village qui ont sauté sur leurs armes, et que les femmes et les enfants accompagnent, en poussant des clameurs d'enthousiasme.

DEUXIÈME ÉTAPE

LE CAMPEMENT DE KITA

Entrée du MARABOUT, qui réunit ses partisans autour de lui.

Après avoir placé des sentinelles et envoyé des éclaireurs dans la direction de la colonne française, le MARABOUT invoque Allah, tandis que ses soldats se prosternent le front dans la poussière. C'est la prière du soir.

La prière est interrompue par l'arrivée des trois cavaliers, envoyés en éclaireurs, qui annoncent l'approche des blancs.

Aussitôt, le MARABOUT fait mettre pied à terre à l'un des cavaliers et lui ordonne d'aller se poster sur le chemin de la colonne, à laquelle il se proposera comme guide pour la mener vers un puits auprès duquel elle pourra passer la nuit.

Hésitation du talibé.

Le MARABOUT lui donne son chapelet pour l'encourager. — C'est peut-être la mort, dit-il au talibé, mais il est sûr d'aller rejoindre le Prophète.

Et il lui montre le ciel.

Le GUIDE se prosterne devant le marabout qui le bénit, et il part appuyé sur un bâton.

Talibés et Toucouleurs remontent à cheval, et, rangés en cercle autour du marabout qui tient le drapeau du Prophète, écoutent les explications qu'il leur donne.

La colonne française va camper en cet endroit ; quant à eux, cachés dans les environs, ils attendront que les troupes soient endormies. Alors ils attaqueront le camp et égorgeront chefs et soldats.

Les cavaliers se retirent par groupes et le marabout lui-même disparaît accompagné de ses talibés.

Arrive la colonne française.

Le Guide indique le puits à Castagoul qui expédie au capitaine un des spahis pour lui communiquer le renseignement qu'il vient de recevoir.

Le Capitaine fait sonner le « halte-là » et, escorté de ses officiers, examine le terrain.

Le Capitaine interroge le guide, qu'il menace de son revolver, au cas où il ne dirait pas la vérité. Puis il donne l'ordre de tout préparer pour le campement.

Surprise de Bouboum en trouvant dans les bagages du pasteur l'ophicléïde, son épouvante lorsqu'il s'avise de souffler dedans.

Soudain Bourniquet se frappe le front. Une idée subite vient de lui passer par la tête, il en fait part à Castagoul qui l'approuve, et va demander au capitaine l'autorisation d'organiser une petite sauterie avec les filles du pasteur.

La permission accordée, Bourniquet entame une polka sur l'ophicléïde, et les danses commencent, au grand scandale du Pasteur.

Pendant que six des filles du pasteur dansent convenablement, l'aînée, avec Bouboum, exécute un pas échevelé.

Bourniquet, frappé de l'originalité de cette danse, veut en prendre une vue, et pour ne pas interrompre la polka, il va chercher le pasteur et lui cède l'ophicléïde.

Durant que le Photographe dresse son appareil, le pasteur ralentit insensiblement la cadence de la polka qui, avec le nouveau rythme, se transforme de nouveau en cantique. Les Filles cessent de danser et se mettent à chanter :

> Ne redoutant point les outrages
> Des peuplades les plus sauvages,
> Nous allons toujours droit au but
> Pour vous apporter le salut.

Faites bon accueil à nos bibles ;
Nos âmes en seront sensibles.
Au Seigneur plaisir ça fera ;
Egalement à Victoria
Hurrah ! hurrah ! for God and Victoria queen !

La nuit est venue et le Capitaine donne l'ordre que le repos règne au camp.

Le Capitaine, sa ronde faite, s'endort.
Le Guide, après s'être assuré que Castagoul est plongé dans le sommeil, se lève tout doucement, coupe ses liens, et s'enfuit du camp en rampant à travers les soldats.

Coups de feu au loin.
Les sentinelles se replient sur les petits postes en criant : « L'ennemi ! »
Les petits postes se replient, à leur tour, sur le bivac, où tout le monde est debout l'arme au pied ; le capitaine donne l'ordre à Castagoul de prendre quatre spahis et de piquer une reconnaissance en avant.
Pendant ce temps, on prend les dispositions nécessaires à la formation de combat. Les ânes, l'artillerie, les bagages sont rassemblés au centre.
Castagoul et ses hommes reviennent, annonçant l'arrivée d'une forte troupe ennemie.

Le Capitaine fait former le carré.
Combat.
Les Indigènes, repoussés, s'enfuient, poursuivis par les troupes françaises.

TROISIÈME ÉTAPE

LA COUR DU ROI SAMORY

La porte de la mosquée s'ouvre, et LE CORTÉGE royal s'avance.

Lorsque LES TROUPES à pied se sont rangées autour de la place et qu'une partie de la cavalerie est allée se poster de chaque côté de la porte, LE ROI SAMORY gagne l'estrade où il s'installe, ainsi que SES FEMMES et ses courtisans.

SES FEMMES à cheval forment la garde d'honneur.

Un appel de trompette retentit hors la ville.

LE ROI fait un signe et la porte s'ouvre pour laisser passage au capitaine GASTINARD à cheval, suivi de CASTAGOUL portant le guidon tricolore et escorté de quatre spahis.

Derrière eux, la porte se referme, et LES CAVALIERS TOUCOULEURS viennent se ranger, devant, en bataille, le fusil sur la cuisse.

Sans descendre de cheval, le capitaine GASTINARD s'approche de SAMORY.

LE CAPITAINE

Salut, à toi, puissant roi Samory.

SAMORY

Salut, capitaine. Que veux-tu ?

Le Capitaine

Almamy-Emir Samory, voici ce que le Président de la République m'a ordonné de te faire signer ! Tu en étudieras soigneusement tous les articles, ensuite tu réfléchiras.

Samory écoute impassible, en s'éventant avec son chasse-mouches d'argent, tandis que la foule donne des signes d'impatience.

Samory

Assieds-toi.

Le Capitaine

On reste debout quand on parle au nom de la France.

Samory fait un geste de colère et les murmures de la foule augmentent.

Samory

Sais-tu que tu es bien hardi de me parler de la sorte ?

Le Capitaine

Je ne sais qu'une chose, c'est que je parle au nom de la France, et que celui qui parle au nom de la France est plus fort que le plus puissant des rois.

Samory

Regarde tous ces fantassins, tous ces cavaliers, je n'ai qu'à faire un signe pour qu'ils se jettent sur toi et t'égorgent. Tu es seul, toi et tes compagnons, vous êtes à ma merci...

Le Capitaine

Qu'importe qu'on soit seul, lorsqu'on est protégé par le drapeau tricolore ? Cesse donc tes menaces, roi de Samory, sinon, tes insultes s'adressant non à moi, mais à ce drapeau, je le déchirerai et j'en jetterai les débris à tes pieds !... Ce sera alors une guerre sans merci et Dieu décidera.

A ces mots, la garde particulière du roi se lève en poussant des clameurs, et en ajustant la petite troupe française.

Le capitaine demeure très calme, et ses hommes restent immobiles.

Le Capitaine

Almamy-Emir Samory, tu as entendu la volonté du chef des Français. Donne l'ordre à ces gens de prendre une attitude plus respectueuse, sinon, je quitterai ta cour, je franchirai la frontière de ton empire et malheur aux hommes de ton pays, qui passeront les gués du Niger derrière moi ! Almamy, je te salue.

Les troupes royales donnent des signes d'impatience, les toucouleurs qui gardent la porte arment leurs fusils.

SAMORY

Retire-toi, capitaine, pendant que mes conseillers et moi, allons délibérer. Je te ferai prévenir de ce qui aura été décidé.

LE CAPITAINE

Songe, Almamy, que c'est à la France que tu as affaire.

Il remonte à cheval ainsi que ses hommes et se dirige lentement vers la porte.

Les toucouleurs qui la gardent hésitent à lui livrer passage.

LE CAPITAINE

Place au drapeau de la France !

La porte s'ouvre enfin, puis se referme.

Aussitôt la discussion commence entre le ROI ET SES CONSEILLERS sur la question de savoir ce que l'on fera du traité laissé par le capitaine.

Le traité passe de mains en mains, chacun l'examine et le rend à son voisin ; les avis sont partagés. Certains conseillers, mais c'est le plus petit nombre, sont d'avis de faire alliance avec les blancs ; mais la majorité opine pour qu'on chasse, comme ils le méritent, ces chiens d'infidèles.

LE ROI, très perplexe, fait avancer le chef des féticheurs et lui demande conseil.

Avant de répondre, le CHEF DES FÉTICHEURS dit qu'il lui faut consulter Allah ! et, pour cela faire, entouré de sa troupe, il exécute un pas de caractère qu'il termine en tombant le front dans la poussière.

En se relevant, il déclare d'un air inspiré qu'Allah ordonne de recevoir les blancs avec honneur pour endormir leur confiance et de les massacrer ensuite.

En ce moment, arrive un cavalier talibé porteur d'un message du MARABOUT.

SAMORY, après avoir écouté la lecture du message que lui fait un de ses conseillers, renvoie le talibé avec mission de ramener le marabout.

Puis il donne l'ordre d'ouvrir à deux battants la grande porte et envoie ses amazones prier le capitaine de venir avec ses troupes accepter l'hospitalité de Samory et assister à la fête qu'il compte donner pour célébrer son alliance avec la France.

Au dehors, on entend les clairons et les tambours qui exécutent un pas redoublé.

C'est une partie de la colonne française qui s'avance.

Gastinard vient se placer à cheval devant l'estrade, fait défiler les troupes devant lui; à ses côtés se tiennent le pasteur et ses filles.

Le photographe Bourniquet trouve moyen de grimper sur un rocher afin de braquer son appareil sur la foule.

Le défilé une fois terminé, Samory donne le signal du commencement des réjouissances.

Tout à coup retentit dehors une trompette.

La porte s'ouvre, donnant passage au marabout porteur du drapeau du prophète, entouré de ses talibés.

Il s'avance jusqu'à l'estrade du roi; il dit au Roi que le

ruit est venu jusqu'à lui qu'il osait braver les ordres d'Allah en concluant un pacte avec les infidèles... Il vient voir ce qu'il y a de vrai dans ce bruit.

Avant que le roi ait pu répondre, le capitaine s'est levé.

Le Capitaine

Tout est vrai dans ce que tu viens de dire : à dater de cet instant, Samory est l'allié de la France !

Le Marabout

Honte à toi ! roi Samory, tu désertes le drapeau du Prophète ! Malheur à toi !

Le Capitaine

Samory est sous la protection du drapeau de la France ! Quiconque l'insulte m'insulte... Prends garde à tes paroles, marabout !

Le Marabout

Je dédaigne tes menaces... Je suis le serviteur d'Allah, et Allah sait défendre ceux qui le servent ! (A Samory.) Voyons, dis-moi la vérité... t'es-tu fait vraiment l'esclave de ces chiens ?

Samory ordonne à l'un de ses conseillers de communiquer le traité au marabout.
Celui-ci saisit le papier ; après y avoir jeté les yeux, il le déchire et en jette les morceaux à terre.

Le Capitaine

Roi Samory, fais châtier ce misérable, sinon, je te considère comme son complice et je te punirai comme sont punis les traîtres !...

Samory

Je suis le serviteur du Prophète... et le marabout est son représentant.

Le Capitaine

Roi Samory, pour la dernière fois, je te somme de tenir ta parole, de respecter la signature que tu m'avais donnée.

Le roi consulte avec ses conseillers.

Le Marabo

Malheur à toi, roi Samoury, si tu méconnais le représentant du Prophète !

Il se porte au galop vers le centre de la cour, et, dressant au-dessus de sa tête le drapeau qu'il tient à la main :

— Enfants de l'Islam, debout pour la défense de l'étendard du Prophète !

Les indigènes poussent des hurlements en brandissant leurs armes et en menaçant les troupes françaises.

LE CAPITAINE

Roi Samory, je te salue. Tu ne me reverras que lorsque j'entrerai en vainqueur dans la ville et que le drapeau de la France flottera à la place de l'étendard du Prophète sur ta plus haute mosquée...

En ce moment, BOURNIQUET, qui a terminé ses vues, veut descendre, mais il fait un mouvement trop brusque et tombe au milieu des courtisans.

Tumulte épouvantable.

Les femmes du harem, les dignitaires croient à une attaque et poussent des hurlements en se précipitant sur le capitaine.

Celui-ci gagne la porte que gardent les cavaliers toucouleurs ; ceux-ci refusant de le laisser passer, il s'ouvre un chemin à coups de revolver.

Bagarre, au milieu de laquelle CASTAGOUL, demeuré en arrière pour protéger la retraite de capitaine, est fait prisonnier, ainsi que Bourniquet, le pasteur et ses filles.

QUATRIÈME ÉTAPE

LA VILLE SAINTE

LES FRANÇAIS à peine partis, les prisonniers, attachés les uns aux autres, sont amenés devant Samory et le marabout.

LE PHOTOGRAPHE comparaît d'abord.

LE MARABOUT, sans autre forme de procès, le condamne à être décapité.

La foule applaudit.

On se dispose à l'emmener, quand l'émir SAMORY intervient et lui promet la vie sauve, s'il veut lui dévoiler les secrets de l'instrument mystérieux qu'il ne quitte jamais.

Discussion entre le ROI et le MARABOUT, qui ne veut pas qu'on épargne un seul des prisonniers.

Le ROI insiste, et le MARABOUT consent enfin à épargner le

photographe à condition qu'il embrasse la religion de l'Islam.

Joie de BOURNIQUET qui consent à tout pour n'être pas décapité et pouvoir continuer à prendre des vues.

Aussitôt on lui rase la tête, on le déshabille en partie. Il laisse faire jusqu'au moment où on va lui enlever son caleçon.

LE PASTEUR scandalisé pousse dans son ophicléïde un mugissement qui attire l'attention de tous. Il lance un vigoureux « shoking ! » appuyé par les voix de ses sept filles qui se voilent pudiquement la face.

LE ROI descend de son estrade pour venir voir de près les jolies blanches. La FILLE AINÉE attire particulièrement son attention. Il va même jusqu'à la chatouiller.

Mais la pudique CORA se révolte et manifeste son indignation par une vigoureuse paire de gifles appliquée sur la face auguste du roi Samory.

Cet affront fait abréger les lenteurs du tribunal, et le MARABOUT décide qu'on va procéder sur-le-champ à l'exécution des prisonniers.

CASTAGOUL, qui fume philosophiquement sa pipe, est joint au groupe du pasteur et de ses filles, que l'on fait agenouiller pendant que le photographe BOURNIQUET monte avec les dignitaires sur les murailles, où il braque son appareil.

Pendant que les femmes du roi et les féticheurs exécutent autour des condamnés la danse de mort, BOUBOUM, qui s'est faufilé à travers la foule, grimpe sur l'arbre au pied duquel se trouve Castagoul.

Pour s'encourager mutuellement à bien mourir, LES SEPT FILLES DU PASTEUR chantent un cantique que leur père accompagne sur l'ophicléïde, tandis que CASTAGOUL continue à fumer sa pipe.

> Sachez aussi que l'Angleterre,
> Le piou beau pays de le terre,
> Est le pays de le pioudeur.
> Et le pioudeur c'est le bonheur.

Tout à coup BOUBOUM se laisse glisser au pied de l'arbre, coupe le lien de Castagoul, auquel il donne un revolver et un sabre.

CASTAGOUL, décidé à vendre chèrement sa vie, cherche a délivrer, avec l'aide de BOUBOUM, le pasteur et ses filles.

En ce moment précisément, des coups de feu éclatent et des sonneries de cuivre se font entendre ; c'est la colonne française qui arrive.

Effarement général, au milieu duquel LE PASTEUR ET SES

FILLES s'enfuient dans la direction des Français, sauf cependant la plus petite, qui est enlevée par le marabout.

Sur les ordres de SAMORY, tout le monde rentre en ville.

La porte est fermée, barricadée et occupée par un poste important.

LES GUERRIERS se placent sur les murailles pour défendre la ville.

Siège et prise de la ville.

On se bat à chaque coin de rue, dans chaque maison.

LES INDIGÈNES sont peu à peu refoulés jusque dans le haut de la ville, entourant le marabout qui tient le drapeau du Prophète.

CASTAGOUL, à pied, est à la tête des tirailleurs et il cherche à pénétrer dans la ville, pour retrouver la petite fille du pasteur.

La ville commence à brûler, les indigènes ayant mis le feu pour prolonger la résistance.

CASTAGOUL entre le premier dans la mosquée ; on le voit apparaître, tenant dans ses bras la petite fille.

Il plante le drapeau tricolore, en même temps qu'un clairon, qui l'a suivi, sonne le salut au drapeau.

La ville est prise.

Une partie des troupes françaises repousse les prisonniers dans la grande place intérieure ; la plupart des tirailleurs sénégalais apparaissent donnant le bras aux femmes du harem. L'autre partie des assiégeants forme la haie aux portes de la ville, pour faire honneur au capitaine GASTINARD qui entre à la tête des troupes et de l'artillerie, précédé des spahis, pendant que tambours et clairons battent et sonnent aux champs.

Sonnerie et batterie se prolongent durant que la colonne gravit la pente qui mène à l'esplanade de la mosquée, où les troupes se rangent, pendant que les pièces mises en batterie tirent en signe de victoire.

BOURNIQUET prend sur les remparts son dernier cliché.

Paris. — Soc. anon. de l'IMP. DES ARTS ET MANUFACTURES et DUBUISSON
12, rue Paul-Lelong. — M. Barnagaud imp. 2815-91.